AF250493

DE LA
RÉPUBLIQUE

NATIONALE

Par Eugène BOUCHER

> « Au nom du Ciel, que la troisième république
> « n'en soit jamais réduite à choisir, à son tour,
> « entre les misères de l'anarchie et les hontes de
> « l'abdication ! Qu'on ne surmène pas, qu'on
> « n'inquiète pas, qu'on ne rebute pas la France.
> « Que deviendrions-nous si la dernière tentative
> « avortait comme les précédentes ? Le pays serait-
> « il de force à surmonter une nouvelle crise ? Ce
> « que le radicalisme met en jeu, dans son épou-
> « vantable aveuglement, n'est-ce pas l'existence
> « nationale même ? »
>
> (Edmond Schérer. — *La Révision
> de la Constitution.*)

Prix : 20 centimes.

EN VENTE :

A Charleville { chez **M. RUBEN**, Libraire, Rue Thiers ;
M. JOLLY, Libraire, Place Ducale ;

Et à Sedan, chez **M. JOURDAN**,
Libraire, Grande-Rue.

DE LA
RÉPUBLIQUE
NATIONALE

Par EUGÈNE BOUCHER

> « Au nom du Ciel, que la troisième république
> « n'en soit jamais réduite à choisir, à son tour,
> « entre les misères de l'anarchie et les hontes de
> « l'abdication ! Qu'on ne surmène pas, qu'on
> « n'inquiète pas, qu'on ne rebute pas la France !
> « Que deviendrions-nous si la dernière tentative
> « avortait comme les précédentes ? Le pays serait-
> « il de force à surmonter une nouvelle crise ? Ce
> « que le radicalisme met en jeu, dans son épou-
> « vantable aveuglement, n'est-ce pas l'existence
> « nationale même ? »
>
> (EDMOND SCHÉRER. — *La Révision
> de la Constitution.*)

EN VENTE :

A Charleville { chez **M. RUBEN**, LIBRAIRE, RUE THIERS;
M. JOLLY, LIBRAIRE, PLACE DUCALE;

Et à Sedan, chez **M. JOURDAN**,
LIBRAIRE, GRANDE-RUE.

AVERTISSEMENT

Ceci n'est pas la profession de foi d'un candidat ; c'est seulement le résumé des réflexions d'un électeur attentif et inquiet. La France va être appelée à choisir ses représentants. Les élections sont le jugement du pays sur la politique : jamais peut-être le pays n'aura rendu son verdict dans des circonstances plus décisives pour son avenir. Trop de révolutions ont déchiré la France, trop de divisions les ont suivies, chaque fois plus multipliées et plus profondes, pour que nous ne sentions pas la nécessité d'en finir avec ces bouleversements périodiques qui épuisent à la longue l'énergie nationale. C'est le sentiment de ce danger qui m'engage à publier ces réflexions. Il y a des moments où un honnête homme ne peut pas se désintéresser des affaires publiques, où chacun a conscience de la gravité des circonstances, et cherche à servir son pays par les moyens à sa portée : nous sommes dans un de ces moments-là. On ne s'étonnera pas que celui qui obéit à un pareil mobile dise ce qu'il pense sans être arrêté par le souci de plaire ou de déplaire, et que, dans cette situation où l'esprit comme la conscience sont merveilleusement à l'aise, il n'ait d'autre préoccupation que d'exposer bien exactement, et sans le sacrifice d'aucune de ses idées, ce qu'il croit être la vérité.

Ceux de mes concitoyens du département des Ardennes qui voudront bien lire ces pages reconnaîtront, je l'espère, que ce n'est pas l'esprit de parti qui les a dictées, mais le désir ardent de voir s'établir enfin dans ce pauvre et cher pays de France un gouvernement assez large pour être le gouvernement de tous les Français, et non le gouvernement d'un parti ; assez libéral pour n'interdire l'espoir d'aucun progrès ; assez sage et assez fort pour assurer l'ordre et protéger tous les intérêts.

Pour atteindre ce but, l'union des modérés de tous les partis, leur union sur le terrain de la république, est nécessaire. Elle est nécessaire pour sauver la France du danger du radicalisme, nécessaire pour rendre la république durable et fonder enfin le gouvernement régulier de la démocratie. C'est dire que cette union s'impose aux conservateurs prévoyants comme aux républicains prévoyants. Et qu'on n'objecte pas que c'est là une idée vieillie, qu'on ne demande pas comment il est possible de s'attacher à une cause qui a été vaincue en dépit des efforts des hommes d'Etat les plus autorisés et les plus habiles de notre temps ! La fortune a des retours imprévus : les meilleures causes sont soumises, comme toutes les choses humaines, à des alternatives de succès et de revers. Il s'agit de savoir si c'est la bonne cause que l'on défend. A ceux qui me demanderaient compte d'un attachement inébranlable à une politique qu'ils déclarent surannée, je demanderai à mon tour si l'abandon de cette politique a beaucoup profité au pays ; si, à mesure qu'on s'en est éloigné, la stabilité de nos institutions n'a pas été en diminuant, si les esprits n'ont pas été plus troublés, si l'ordre social n'a pas paru moins assuré ? Les républicains qui ont foi au radicalisme pour gouverner la France, sont en ce moment pleins d'espoir ; ceux qui jugent de l'avenir du radicalisme par son passé, sont pleins d'inquiétude. Ils n'oublient pas le mal profond qu'a toujours fait à ce pays la domination de la secte révolutionnaire. Mais là n'est pas le motif unique de leur inquiétude. Ils savent en effet avec quelle impétuosité, sous l'empire des évènements, le suffrage universel change de direction et abandonne ceux qu'il suivait naguère : ils craignent que, dans un de ces mouvements, la nation, ne trouvant aucun grand parti organisé, prêt à la rassurer, à lui offrir, au sein des institutions républicaines, des garanties de fermeté et de sagesse, ne soit prise d'une de ces fureurs de réaction qui infligent à un peuple une longue période d'humiliation et de mort nationale. C'est pour appeler l'attention de mes concitoyens sur ce danger que je publie ces réflexions.

Fumay, le 25 avril 1885.

DE LA
RÉPUBLIQUE
NATIONALE

La république fondée en 1870 était, dans les vœux et dans les espérances du pays, un grand gouvernement national : c'était la république ouverte à tous, respectueuse de toutes les libertés, de tous les intérêts, faisant appel au concours de toutes les bonnes volontés. Elle est devenue peu à peu le gouvernement d'un parti. En la mettant en question et en péril, le 16 Mai a obligé les républicains à se concentrer pour défendre la république : cette concentration a profité de plus en plus à la politique radicale. Nous avons glissé insensiblement vers le radicalisme : nous y sommes arrivés. La Chambre des députés est aujourd'hui présidée par M. Floquet, l'un des hommes d'action les plus en vue du parti radical. Le ministère de M. Brisson est la dernière étape avant d'arriver à M. Clémenceau. Celui-ci préparera la voie aux anarchistes ou au despotisme, peut-être aux uns et à l'autre successivement, et si la France retrouve le repos, après les déchirements, après les ruines que lui auront infligées de telles épreuves, elle l'aura payé du prix de sa liberté, et peut-être, hélas ! d'une nouvelle diminution nationale !

Dans quel temps en effet l'avènement du radicalisme vient-il surprendre la France? dans un moment où le pays n'a jamais eu plus besoin de sagesse. D'une part, les plus graves embarras économiques, la situation de notre agriculture et de notre industrie font de la paix intérieure une condition de salut; d'autre part, les complications que peut faire surgir d'un instant à l'autre en Europe le conflit tôt ou tard inévitable de l'Angleterre avec la Russie, réclament notre recueillement, une politique nationale et non une politique de parti, la concentration de toutes nos ressources, pour assurer la paix à la France. Et c'est dans un pareil temps que la passion politique relègue au second plan toutes les affaires ! c'est dans un pareil temps que la France est exposée à toutes les téméraires expériences de la politique radicale!

Un grand nombre de conservateurs pensent conjurer tous les dangers en nous rendant la monarchie. Ceux qui conçoivent cette espérance oublient d'abord leurs propres divisions. Les monarchistes pourront rester unis tant qu'ils seront dans l'opposition : mais des hommes politiques doivent savoir et faire savoir au pays ce qu'ils feraient s'ils avaient la charge et la responsabilité du gouvernement. Si les élections donnaient la majorité aux monarchistes, que feraient-ils du pouvoir?

Ils seraient réduits à cette alternative : une restauration monarchique ou le provisoire du 24 Mai.

Que serait la restauration monarchique? serait-elle légitimiste, orléaniste ou bonapartiste? Qu'on ne s'y trompe pas : la mort de M. le comte de Chambord n'a pas anéanti le droit divin. Lui a-t-elle donné une nouvelle force? les orléanistes s'en flattent : il est plus vrai de dire que la disparition du prétendant de la branche aînée a enlevé à la branche cadette son caractère de royauté nationale et à la légitimité un représentant pur d'alliage. Les principes, les passions, les préjugés ont la vie plus dure que les hommes : les intransigeants du droit divin ne donneront jamais à M. le comte de Paris qu'un acquiescement précaire, à moins que M. le comte de Paris ne répudie les traditions de sa famille : il se priverait alors de ses alliés naturels et se mettrait aussi loin de la nation que l'était M. le comte de Chambord.

Supposons cependant que la fusion soit parfaite et que M. le comte de Paris ait eu l'art de coudre solidement ensemble le drapeau blanc et le drapeau tricolore. Que fera-t-on des bonapartistes? sont-ils résignés à s'effacer devant la maison d'Orléans? y sont-ils tous résignés, les bonapartistes révolutionnaires aussi bien que les bonapartistes réactionnaires? Enfin, si par un miracle on s'entendait pour relever un seul trône, quelle serait la force d'une monarchie ainsi divisée contre elle-même, en face du suffrage universel et du parti républicain rendu compact par la défaite, maître de toutes ses forces, dont il concentrerait alors toute la puissance contre la royauté? En vérité, on ne peut croire qu'il se rencontre des politiques assez imprévoyants pour assumer la responsabilité d'une pareille aventure, dont l'échec serait autrement lourd à porter, cette fois, que celui du 16 Mai.

Que si, même après une victoire électorale, ne pouvant faire la monarchie, on ne voulait pas accepter la république, recommencerait-on un 24 Mai? Après quinze ans d'un gouvernement que la nation se plaît à considérer comme définitif, lui infligerait-on un nouveau provisoire? lui dirait-on que la république de fait n'est plus la république de droit? que c'est une pierre d'attente pour un trône? la condamnerait-on à assister de nouveau à ces discussions sans nom sur un septennat personnel ou un septennat impersonnel; sur un président de république sans république? à toutes ces combinaisons bizarres déjà tentées pour conjurer les divisions des monarchistes, restaurer la monarchie, et qui n'ont abouti qu'à l'établissement de la république? à cette impuissance énervante qui, dans l'état des affaires, serait la ruine du pays?

Mais ce ne sont pas seulement les divisions des monarchistes qui font leur faiblesse : c'est le principe monarchique lui-même qui est impuissant dans une société démocratique comme la nôtre. Comment l'expérience de toute notre histoire, depuis la Révolution française, n'ouvre-t-elle pas tous les yeux? Ce n'est pas l'existence de la république, c'est l'avénement de la démocratie qui rend, de notre temps, le gouvernement si laborieux et si redoutable. L'idée républicaine tire toute sa force de la puissance de la démocratie. Eh quoi ! on est effrayé du progrès des passions qui accompagnent le développement de la démocratie, et on compte sur la monarchie pour les contenir ! Nous assisterons alors à un grand miracle. Le suffrage universel va devenir l'instrument de gouvernement le plus facile à manier entre les mains des ministres d'un roi. Il suffira que le peuple apprenne que le trône est relevé pour que toutes les passions s'apaisent et que les problèmes qui travaillent notre société se trouvent tout à coup résolus. En 1789, la Révolution, la démocratie naissante, s'est trouvée en conflit avec la monarchie. La monarchie avait pour elle une possession de plusieurs siècles, de nombreux régiments, toutes les institutions ; la Révolution n'avait qu'une force d'opinion : c'est la monarchie qui a été brisée au premier choc. En 1830 et en 1848, il a suffi de quelques barricades : la branche aînée et la branche cadette ont eu le même sort. Depuis bientôt un siècle, la démocratie lutte et grandit en France, hors de France, sous les monarchies, sous les républiques ; elle a survécu à ses revers, à ses fautes, à ses crimes. Et parce que M. le comte de Paris ou quelque autre prince sera monté sur le trône, la démocratie aura disparu !

Je sais bien que, parmi les conservateurs des partis monarchiques, beaucoup se flattent d'avoir accompli un grand progrès. Ils ont marché avec leur siècle ; ils savent, par leur propre histoire, que le suffrage universel dévore ceux qui le menacent ; ils veulent, eux aussi, prendre leur point d'appui sur la démocratie. Ils ont donc renoncé à leurs rêves de monarchie constitutionnelle et de liberté ; quand ils rêvent à une constitution, c'est à une sorte de constitution de l'an VIII. On raconte que M. le comte de Paris lui-même entend quelquefois les conseils des partisans d'une politique plus impériale que royale. Les conservateurs de cette école en sont convaincus : pour gouverner la démocratie, il faut l'asservir ; un sabre tranchera toutes les difficultés et mettra la démocratie à la raison : cette pensée rassurante leur permet d'aller sans grand souci à leurs affaires et à leurs plaisirs.

Cette illusion est peut-être ce qu'il y a parmi nous de plus funeste aux intérêts conservateurs. C'est, sous la forme la plus brutale et la plus insultante, le renoncement des conservateurs à tous devoirs publics. C'est aussi le rêve le plus décevant. La poignée du sabre, l'a-t-on oublié ? c'est un plébiscite ; faire plébisciter oblige à compter avec la démocratie : et comme le despotisme supprime toutes les libertés, comprime tous les élans généreux de la démocratie, il s'applique, par compensation, à satisfaire la passion niveleuse, qui devient un instrument de règne. D'ailleurs, il ne suffit pas de méditer l'établissement du despotisme pour être en état de le réaliser : le sentiment démocratique a pénétré dans l'armée elle-même, et si le gouvernement de la force parvenait à s'établir, on doit se demander à quel prix il y réussirait, et pendant combien de temps il pourrait subsister. On n'ose pas envisager toute la série d'aventures auxquelles serait condamné ce gouvernement du sabre, qui excite de coupables espérances : pour ne pas se rouiller dans le fourreau, le sabre doit briller de l'éclat des batailles, jusqu'à ce qu'il se brise à Waterloo et à Sedan ! Il faut plaindre la France, si l'ordre social n'a pas d'autre ressource que celle-là.

Les conservateurs que n'aveugle pas la passion de parti reconnaîtront que le seul moyen de défendre leur cause, ce que leur cause renferme de principes nécessaires, compatibles avec la démocratie, c'est d'accepter la république, de l'accepter loyalement et sans arrière-pensée. La république est un bon et grand gouvernement quand elle est bien servie par de bons citoyens. C'est un outil qui vaut ce que valent les ouvriers qui le manient. Briser l'outil parce qu'on trouve qu'il est en des mains maladroites, est un acte de colère. Ce qui est patriotique, ce qui est digne de vrais conservateurs, d'hommes sages, prudents, avisés, c'est de se servir des institutions que l'on a pour travailler au bien public. Ce qui est révolutionnaire, ce qui est téméraire, c'est de détruire sans être sûrs de pouvoir remplacer.

Les conservateurs, il est vrai, font une réponse qu'ils croient victorieuse. — « La république, disent-ils, n'a cessé d'incliner au radicalisme; elle est à la veille de se confondre avec lui ; et cela est arrivé par la faute des républicains modérés. Les alliances dans lesquelles ceux-ci se sont compromis avec les radicaux, ne laissent nulle place aux conservateurs dans la république. »

Nous touchons ici à une difficulté grave : le patriotisme de tous les bons citoyens doit s'appliquer à la résoudre. Il n'entre dans notre pensée de récriminer contre personne : mais on avouera que la tentative du 16 Mai a tout au moins beaucoup contribué à faire naître cette grande coalition républicaine, qui a réuni dans un même parti des hommes d'opinions opposées. Tous ceux qui pensent que la république est le gouvernement nécessaire à la France, ont dû la défendre. Nous n'avons pas à écrire un chapitre d'histoire, ni à juger ici le mérite de la politique qui a conduit ensuite les républicains modérés à tant de concessions, et qui a prolongé la coalition au-delà des nécessités de la défense commune. Ce qui importe, à l'heure présente, et ce qu'aucun esprit impartial ne contestera, c'est que le moment est venu où cette coalition n'est plus possible.

Pour s'en convaincre, il suffit d'analyser les éléments dont elle se composait. Elle réunissait des hommes qui ne s'entendent et qui sont faits pour ne s'entendre sur aucune des questions fondamentales de la politique actuelle.

Les uns sont des hommes modérés : ils redoutent pour notre société les agitations révolutionnaires ; ils estiment que le seul moyen de rendre la république durable, c'est de ne pas lui laisser affecter le caractère violent et sectaire qui l'a toujours perdue. Ils considèrent le Sénat comme une institution de contrôle indispensable pour assurer la maturité des résolutions du parlement et partant la stabilité de la république. Ils veulent la même stabilité dans le pouvoir judiciaire : l'inamovibilité de la magistrature est à leurs yeux la condition de l'indépendance nécessaire au magistrat. En matière religieuse, ils sont résolus à ne pas permettre les envahissements de l'Eglise, ni le moindre empiétement sur le domaine politique ; ils ont à cœur de garder à notre société son caractère laïque, conquête de 1789. Mais ils comprennent que dans une nation dont la majorité des membres est catholique, toute persécution contre l'Eglise est une atteinte à la liberté de conscience. Ils considèrent que c'est un crime contre la patrie d'allumer dans son sein la guerre aux croyances religieuses, la plus profonde et la plus déchirante qui puisse s'élever entre ses enfants. Ils veulent le maintien du Concordat, non pas seulement dans les dispositions favorables à l'Etat, mais encore dans les dispositions favorables à l'Eglise : le Concordat est à leur yeux un contrat utile à l'Etat, utile à l'Eglise, qu'il serait, dans la situation présente de notre société, dangereux d'abolir, et dont on ne peut faire, sans une révoltante injustice, un instrument d'oppression. Enfin ces républicains veulent un gouvernement sévèrement contrôlé, mais libre et fort, investi de l'autorité nécessaire à la conduite des affaires d'un grand pays. Cette force, le gouvernement doit la tenir de l'opinion : mais le devoir de la majorité parlementaire, interprète de l'opinion, est de ne pas marchander son appui au gouvernement, dès qu'elle le juge digne de sa confiance, et de ne pas lui disputer à chaque heure l'exercice du pouvoir, pour satisfaire des passions mesquines et de petits intérêts.

A l'autre extrémité de la coalition républicaine se trouvent des hommes animés d'une ardeur toute révolutionnaire : ils sont obsédés des souvenirs et imbus des traditions de 1792 et de 1793. L'attachement du pays à la république est interprété par eux comme une adhésion au radicalisme ; d'ailleurs ils sont bien décidés à mener la France, de gré ou de force, dans le chemin qu'ils ont choisi pour elle. Leur programme est simple : supprimer le Sénat, faire élire les juges par le suffrage universel, supprimer le budget des cultes, réaliser sans retard la séparation de l'Église et de l'Etat, gouverner la France par une Convention ; enfin, sous prétexte de donner à Paris une organisation indépendante, doter la démagogie d'un état-major et d'une armée.

Entre ces républicains modérés et ces républicains radicaux, flottent des républicains intermédiaires : ils ont été, jusqu'à la chute de M. Ferry, dans la dépendance des opportunistes. La dénomination d'*opportunistes* désigne des hommes bien différents par leurs origines et par leurs opinions. Quelques-uns de leurs chefs les plus

influents sont des radicaux qui savent ajourner leur programme : il en est qui ont fait partie de la Commune.
D'autres, au contraire, ont un sens gouvernemental assez
juste. Mais, sous le dernier ministère, préoccupés unique-
ment de retenir coûte que coûte la direction des Chambres
et du gouvernement, tous les opportunistes indistinc-
tement se sont appliqués à masquer les dissentiments qui
séparent les diverses fractions du parti républicain. Ils
ont fait des efforts surhumains pour démontrer qu'il y a
une alliance possible entre les opinions les plus contraires,
pourvu qu'elles acceptent la République et la domination
des opportunistes.

Ces politiques habiles des partis avancés savent que
le tempérament de la France demande des ménagements ;
d'un autre côté, leurs antécédents et leur clientèle leur
rendent ces ménagements difficiles. Ils concilient de leur
mieux ces nécessités contradictoires de leur situation. Ils
veulent un Sénat, mais subordonné ; une magistrature
inamovible, mais épurée. Ils reculent devant les persécu-
tions violentes contre l'Eglise : mais ils ne lui épargnent
ni les insultes, ni les vexations, comme pour entretenir
sous la cendre le feu des passions anti-religieuses.

C'est l'incohérence de ces éléments de la majorité répu-
caine qui a amené la chute de M. Ferry, autant au moins
que les évènements du Tonkin. La politique du dernier
ministère était condamnée à l'indécision : si M. Ferry eût
osé déchirer le voile, si, par exemple, il se fût montré
résolu, soit à appliquer le programme du discours du
Hâvre, soit à le répudier, il eût amené la dissolution de
cette majorité.

Il n'est pas nécessaire d'être prophète pour prévoir que M. Brisson sera bientôt aux prises avec des difficultés tout aussi insolubles. Peut-être pourra-t-il les éluder jusqu'aux élections : mais au lendemain des élections, s'il dure jusque-là, il sera obligé d'opter entre l'adoption franche et complète de la politique radicale, ou une politique de compromis qui le rendra dépendant à la fois des opportunistes et de M. Clémenceau.

Il n'y a qu'un moyen de conjurer de tels dangers, c'est de travailler à constituer un grand parti national assez fort pour faire respecter à la fois l'ordre social et la république, pour mettre fin aux espérances du radicalisme comme à celles de la réaction monarchique.

Pour cela, les républicains modérés doivent rompre sans hésiter avec le radicalisme, avec toute l'armée du radicalisme. D'où pourrait venir leur hésitation? Ils font un bien étrange calcul, s'ils subissent plus longtemps la complicité de la politique radicale pour échapper à l'impopularité. Ne connaissent-ils donc pas l'histoire des pactes entre les modérés et les violents? il n'y a pas de concessions qui puissent les sauver de l'épuration révolutionnaire : ils n'y échapperont pas, c'est une question de temps. Mais le discrédit dans lequel ils tomberont, s'ils ne travaillent pas à la formation de ce grand parti national, leur sera cent fois plus amer que l'impopularité passagère. On leur reprochera un jour avec justice de n'avoir pas rempli la mission qui leur appartenait en propre : à savoir l'introduction dans la république d'un élément modéré, contre-poids nécessaire à la stabilité de tout gouvernement. Nous sommes bien la nation qui a le moins le droit d'oublier la maxime : Tout pouvoir a besoin de limite. Notre histoire est prodigue de cet enseignement : depuis le commencement de ce siècle, tous nos gouvernements sans exception ont péri par leur incapacité à se modérer. Pouvoirs révolutionnaires, despote de génie ou d'aventure, monarchie légitime ou monarchie bourgeoise, ont eu le même sort : leur principe d'action les a absorbés, leur a caché la nation, les a isolés et perdus. Il n'y a pas de service plus grand, plus pressant à rendre à la république que de l'empêcher de se dévorer, comme ses devancières, par ses excès.

Nous ne saurions trop insister sur ce point : il est temps que toute confusion cesse, que la lumière se fasse dans les programmes et dans la conduite de tous les partis. Entre les hommes qui veulent une seconde Chambre, le maintien du Concordat, la paix religieuse, l'indépendance du pouvoir judiciaire, le respect absolu des propriétés, le maintien de l'organisation administrative actuelle de Paris, le régime parlementaire, et les hommes qui veulent une Chambre unique, la guerre au catholicisme, des juges élus par le suffrage universel, des mesures contre les biens, l'autonomie de la commune de Paris, le régime conventionnel, il y a un abîme : désormais l'alliance de tels éléments ne peut profiter qu'au parti radical, et le parti radical est l'avant-garde de l'armée du désordre. C'est le sort du pays, comme celui de la république, qui est ici en jeu.

Le moment actuel est unique peut-être pour les républicains modérés comme pour les conservateurs. Il est temps encore pour les républicains modérés de rendre possible l'adhésion des conservateurs à la république; j'entends les conservateurs qui mettent la France au-dessus de la monarchie et qui acceptent les principes fondamentaux de la société moderne, établis en 1789. Il est temps encore pour ces conservateurs de garder une part d'influence sur les destinées de leur pays en adhérant à la république, en y adhérant d'une façon non équivoque et définitive.

La politique vraiment nationale, que nous appelons de tous nos vœux, la seule qui puisse nous donner assez de sécurité et de force pour nous faire respecter en Europe, pour relever nos finances, venir en aide aux affaires, et en même temps pour entreprendre, avec maturité et avec suite, sans danger pour l'ordre social, les réformes pratiques, cette sage politique est bien celle qui convient au tempérament de la France. La France a souvent subi les violences des partis extrêmes ; les passions de la révolution et les passions de la réaction ont tour à tour envahi le pouvoir ; mais chaque fois le pays, rendu à lui-même, a fait justice des unes et des autres. Notre société ne peut pas se passer d'ordre et de paix. Le fond de nos populations laborieuses est formé de citoyens paisibles : ce sont des marchands, des bourgeois, des ouvriers, des paysans, occupés de leur trafic, de leurs affaires, de leur travail, beaucoup plus que de politique. Ils représentent exactement le tempérament moyen de la France, son génie plus sensé qu'aventureux. C'est la masse silencieuse et patiente. Il y a des temps d'inconscience nationale où les hommes de désordre sont en possession de conduire cette masse, sans prendre souci de ses vrais sentiments : ils la dédaignent, croient l'endormir et l'asservir; on la retrouve debout et vigilante dans toutes les grandes crises de la patrie. C'est par elle et pour elle, non par les factions ni pour les factions, qu'au lendemain de la guerre contre l'Allemagne, la république actuelle a été fondée. Où étaient alors les radicaux? Qui parlait des traditions de 1793? Ces souvenirs étaient l'obstacle : et si l'obstacle a été sans force, c'est parce que la France voyait, à la tête de la république, dans la personne de M. Thiers, le patriotisme et la sagesse, la passion de la prospérité nationale et de la paix sociale, le respect de tous les intérêts et de tous les droits. Cette France-là n'a pas changé : on pourra encore la troubler comme on l'a déjà troublée, l'agiter, lui donner le change pendant quelque temps, jamais la conquérir sans sagesse et sans bon sens pratique. C'est seulement le jour où les hommes politiques sauront et voudront tirer parti de ces éléments, excellents pour constituer un gouvernement d'ordre et de liberté au sein d'une grande démocratie, que la France aura enfin conquis cet état de sécurité, de dignité, cette consistance nationale, qui n'appartiennent qu'aux peuples qui ne discutent plus la forme de leur gouvernement.

C'est dans cette pensée que doivent s'unir tous les hommes modérés et prévoyants : ils doivent combattre le radicalisme et consolider la république. La prospérité future de la patrie est à ce prix.

Charleville. — Typ. F. DEVIN et Cᵒ, rue de l'Arquebuse, nᵒ 27.

CHARLEVILLE

Typographie F. DEVIN & Cie

Rue de l'Arquebuse, 27